RICARDO DREGUER

DEBATE

Uma história sobre inteligência artificial

ESTE LIVRO ESTÁ DE ACORDO COM ALGUNS DOS OBJETIVOS DE DESENVOLVIMENTO SUSTENTÁVEL (ODS):

4 EDUCAÇÃO DE QUALIDADE

7 ENERGIA LIMPA E ACESSÍVEL

8 TRABALHO DECENTE E CRESCIMENTO ECONÔMICO

9 INDÚSTRIA, INOVAÇÃO E INFRAESTRUTURA

10 REDUÇÃO DAS DESIGUALDADES

11 CIDADES E COMUNIDADES SUSTENTÁVEIS

RICARDO DREGUER

DEBATE

Uma história sobre inteligência artificial

Ilustrações de Omar Viñole

1ª edição
2025

MODERNA

Direção editorial	Maristela Petrili de Almeida Leite
Coordenação de edição de texto	Marília Mendes
Edição de texto	Giovanna Di Stasi
Coordenação de edição de arte	Camila Fiorenza
Projeto gráfico	Isabela Jordani
Diagramação	Isabela Jordani, Michele Figueredo
Ilustração de capa e miolo	Omar Viñole, Isabela Jordani
Coordenação de iconografia	Luciano Baneza Gabarron
Pesquisa iconográfica	Vanessa Manna
Tratamento de imagens	Joel Aparecido Bezerra
Coordenação de revisão	Rafael Gustavo Spigel
Revisão	Nair Hitomi Kayo
Coordenação de *Bureau*	Everton L. de Oliveira
Pré-impressão	Ricardo Rodrigues, Vitória Sousa
Produção Industrial	Wendell Monteiro (gerência), Gisely Iácono (coord.), Fernanda Dias, Renee Figueiredo, Silas Oliveira, Vanessa Siegl (produção), Denise Andrade, Eduardo de Souza, Tatiane B. Dias (PCP)
Impressão e acabamento	Gráfica Elyon
Código item	120012826
Lote	809413

Dados Internacionais de Catalogação na Publicação (CIP)
(Câmara Brasileira do Livro, SP, Brasil)

Dreguer, Ricardo
Debate : uma história sobre inteligência artificial / Ricardo Dreguer; ilustrações de Omar Viñole. — 1. ed. — São Paulo: Santillana Educação, 2025. — (Explorando as competências)

ISBN 978-85-527-3091-0

1. Inteligência artificial 2. Literatura infantojuvenil I. Viñole, Omar. II. Título. III. Série.

25-291575 CDD-028.5

Índices para catálogo sistemático:
1. Literatura infantojuvenil 028.5
2. Literatura juvenil 028.5

Eliete Marques da Silva - Bibliotecária - CRB-8/9380

Editora Moderna Ltda.
Rua Padre Adelino, 758 - Quarta Parada
São Paulo - SP - CEP: 03303-904
Central de atendimento: (11)2790-1300
www.moderna.com.br
Impresso no Brasil
2025

DA NARRATIVA À INTELIGÊNCIA ARTIFICIAL

Neste livro, você vai conhecer a história de Sílvio, um adolescente que adora tudo ligado à alta tecnologia. Vai conhecer, também, a Paula, uma adolescente que adora História e Geografia e não é muito ligada em alta tecnologia.

No enredo da história, ocorrerá um acontecimento marcante na escola onde esses dois personagens estudam, que levará os dois e seus respectivos amigos a participarem de um intenso debate.

Ao longo da narrativa desse debate, você vai explorar os prós e os contras da inteligência artificial, que envolvem conceitos como produtividade, desemprego tecnológico, aumento da qualidade, desigualdade, indústria 4.0 e viés algorítmico.

Além disso, vai acompanhar os argumentos sobre uma questão central do mundo atual: a inteligência artificial vai superar a inteligência humana?

Acompanhe os relatos de cada jovem, com pontos de vista diferentes sobre esse debate, e saiba mais sobre a inteligência artificial.

Bom debate!

SUMÁRIO

Antes ...

— Permite acessar aplicativos, redes sociais, informações e mensagens. Também controla dispositivos em conexão com as assistentes virtuais inteligentes.

Outra diversão nossa é responder charadas sobre nossas matérias preferidas.

— O que o MMC estava fazendo no pé da escada?

— Esperando o MDC — respondi, rindo.

— O que é pior do que ser atingido por um raio? — desafiei.

— Ser atingido pelo diâmetro, que tem o dobro do tamanho do raio — respondeu o Alberto.

— O que o próton disse para o elétron? — lançou a Renata.

— Você está muito negativo — respondeu a Maria.

Outros grupos, como o dos esportistas — que se vestem com camisetas de times e ficam conversando sobre esportes —, costumam tirar sarro da gente, principalmente das nossas conversas científicas no intervalo.

Saiba mais sobre as casas inteligentes

https://mod.lk/QaTWb
Acesso em: 4 ago. 2025.

Assistentes virtuais inteligentes

As **assistentes virtuais inteligentes** são programas rodados em computadores, *smartphones* ou outros dispositivos que executam tarefas recebidas por comandos de voz.

FREQUÊNCIA COM QUE O BRASILEIRO UTILIZA ASSISTENTES VIRTUAIS INTELIGENTES

- Todos os dias
- Toda semana, mas não todos os dias
- Pelo menos uma vez por mês
- Não faço com frequência
- Já utilizei, mas não utilizo mais

48%
Quase metade das pessoas já utiliza a tecnologia semanalmente.

Fonte: Ilumeo Consultoria, 2024.

Elas têm esse nome porque prestam assistência em diversas tarefas cotidianas e aprendem com novas informações, adaptando suas ações para atingir um objetivo.

As moradias que utilizam intensamente assistentes virtuais inteligentes para a realização de atividades cotidianas são chamadas de casas inteligentes.

Tudo manual

Meu nome é Paula. Tenho treze anos e a coisa que eu mais gosto nesse mundo é acordar cedo. Adoro sentir o cheiro de orvalho na grama e ouvir o primeiro cantar dos passarinhos. Por isso, adorei mudar para uma escola que tem período matutino.

Ligo o chuveiro e recebo uma ducha de água gelada. Desligo. Vejo que a chave de temperatura está no frio. Pego o tubo de xampu para tentar alcançar a chave. Fico na ponta dos pés e bato com força. A chave vai parar no quente. Bato novamente para ficar no morno.

Depois do banho, me sento em frente à penteadeira, um móvel antigo, com espelho e gavetinhas para guardar coisas de penteado e maquiagem, que herdei da minha bisavó.

— Espelho, espelho meu, qual a previsão do tempo para hoje?

Como o velho espelho não fala nada, eu mesma respondo, inventando uma previsão:

— Sol, sem nuvens. À noite, tempo fechado, mas sem possibilidade de chuvas.

Desço as escadas gritando:

— Abrir cortinas!

— Acender as luzes!

Como nenhum desses objetos me obedece, eu mesma aciono manualmente os interruptores e abro as cortinas da sala.

— Por que você e a mamãe gostam tanto de coisas sem tecnologia? — pergunto ao meu pai.

— Não existe nada sem tecnologia, filha!

Na hora do intervalo, eu e meus amigos — Marcelo, Marília e Fábio — escolhemos um cantinho para falar das nossas coisas, como bandas de *rock*, movimentos sociais, livros e objetos antigos. Eu aproveitei para mostrar o relógio de bolso do meu bisavô.

— Como funciona? — questionou o Marcelo.

— Tem que girar essa bolinha chamada coroa, dando corda — expliquei.

— Que corda? — questionou a Marília.

— Na verdade, não é uma corda. É um fio que enrola quando você gira e, depois, vai desenrolando lentamente e fazendo mexer os ponteiros do relógio.

O Fábio questionou:

— Mas como você vai usar esse relógio se você só anda de vestidos, que não têm bolso?

RELÓGIO: © SERGEJ RAZVODOVSKIJ/SHUTTERSTOCK

Saiba mais sobre as Revoluções industriais

https://mod.lk/35k0v
Acesso em: 4 ago. 2025.

— Boa pergunta! Vou colocá-lo em uma corrente e usá-lo no pescoço, como um medalhão...

— Vai ficar da hora! — comentou a Marília.

Esse relógio que vira medalhão é o tipo de combinação criativa que eu e meus amigos adoramos fazer em nossas vestimentas. Outro dia, o Fábio usou uma boina maneira do avô dele, combinando com uma calça comprida de tergal. Já a Marília costuma usar longos vestidos indianos com sandálias de couro.

Outros grupos, como o dos *it boys* e *it girls* — que usam roupas e acessórios da moda —, tiram sarro da gente, principalmente das nossas roupas.

Tecnologia

O termo **tecnologia** é de origem grega, juntando *tekne* ("arte, técnica ou ofício") e *logos* ("conjunto de saberes"). Nesse sentido, tecnologia é o conjunto de saberes, instrumentos e técnicas que permite aos seres humanos fabricar objetos e modificar o ambiente.

AS REVOLUÇÕES INDUSTRIAIS

Cada sociedade criou diferentes tipos de tecnologias para satisfazer suas necessidades. Tais tecnologias mudaram de forma conjugada com as transformações econômicas, sociais e políticas.

Os pesquisadores identificaram quatro grandes marcos de mudanças tecnológicas na história, chamados de revoluções industriais.

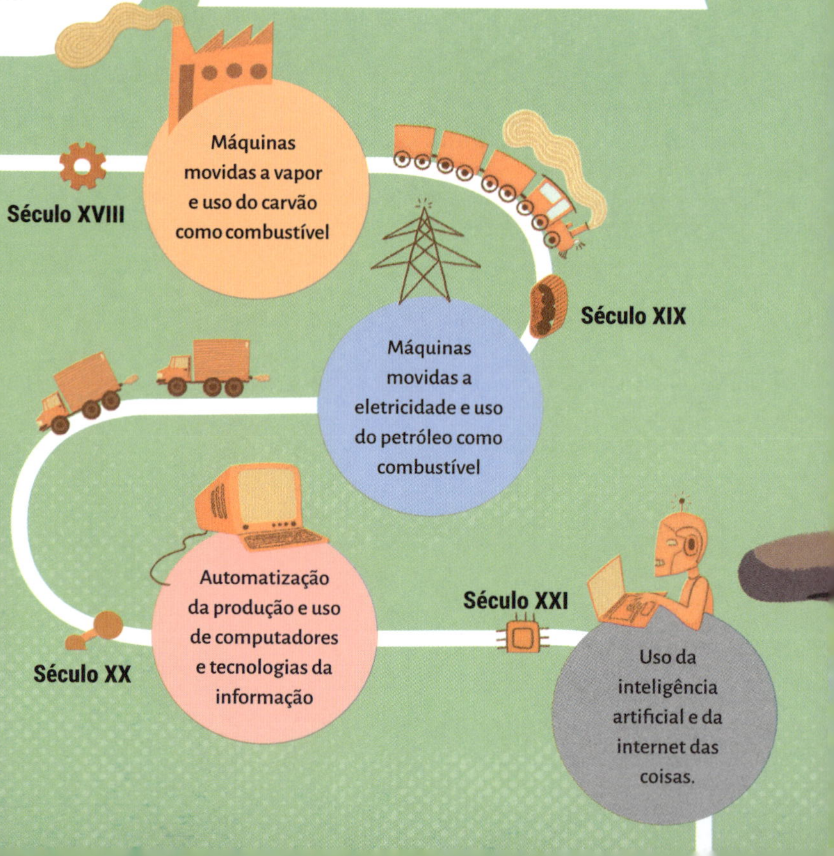

Um grande problema

Nas semanas seguintes, minha vida seguiu normalmente. Até que, um dia, aconteceu um grande problema na escola. Um grupo de meninas estava chorando em um canto da sala, enquanto outras tentavam consolá-las. Demoramos a entender o que estava acontecendo, até que a Paula explicou:

— Tá rolando nas redes sociais um vídeo das *it girls* xingando todos os professores...

— E o vídeo é falso? — questionei.

— Me diga você — provocou a Paula.

Bravo, perguntei:

— Você tá nos acusando de ter produzido e divulgado um vídeo falso?

Paula retrucou:

— Se a carapuça serviu, pode vestir. Vocês são os únicos com capacidade para fazer algo assim...

Pensei em retrucar a fala da Paula, mas preferi não continuar a discussão, pois tive uma ideia e queria apresentar para minha turma. Por isso, chamei uma reunião em casa.

Maria começou nos atualizando sobre o caso:

— Os pais das meninas marcaram uma reunião com a diretora da escola e deram queixa na polícia.

— Então, a coisa vai ficar feia! — comentou Renata.

Cocei a cabeça e expliquei:

— E, o pior, é que está rolando um boato de que nós somos os únicos capazes de fazer um vídeo falso tão perfeito.

— Isso é um absurdo! — reagiu Alberto.

— E o que vamos fazer? — questionou Maria.

— Eu tenho uma proposta: vamos provar que o vídeo é falso e descobrir quem o criou — expliquei.

Todos toparam imediatamente e o Alberto comemorou:

— Seremos detetives digitais!

Começamos avaliando as cores do vídeo para verificar se havia algo estranho, por exemplo, cores diferentes no rosto e nas mãos das meninas. Depois, checamos os áudios, para ver se havia algum barulho estranho.

Em seguida, observamos a movimentação dos seus olhos no vídeo, para ver se alguma delas ficava sem piscar ou piscava muito. Aí, verificamos a movimentação das bocas, avaliando se o movimento dos lábios era coerente com o que estava sendo falado.

A turma já estava ficando preocupada:

— Será que não vamos conseguir provar que o vídeo é falso? — questionou a Maria.

— Tô achando muito difícil — ponderou Alberto.

Procurei animar o grupo:

— Temos uma última carta na manga: as expressões faciais.

Então, analisamos os movimentos dos rostos das meninas, para ver se suas expressões faciais eram coerentes com as de alguém que está xingando. E descobrimos que não eram. Ou seja, provamos que o vídeo era falso!

Agora, veio a parte mais difícil: rastrear o ponto de partida desse vídeo. Para isso, usamos um programa experimental desenvolvido por uma universidade dos Estados Unidos.

Esse programa nos permitiu coletar os dados digitais emitidos durante a criação do vídeo que ficaram registrados na imagem, como se fossem impressões digitais. E, depois de muita pesquisa, chegamos ao criador do vídeo.

No dia seguinte, levamos à direção nossas descobertas. O diretor ficou muito satisfeito e nos fez vários questionamentos:

— Como é possível fazer vídeos falsos tão perfeitos?

— Usando ferramentas de **inteligência artificial** — explicamos.

— E como vocês descobriram que o vídeo era falso e chegaram ao autor? — perguntou.

— Também usando ferramentas de IA.

O diretor nos agradeceu e comentou:

— Temos que organizar um debate sobre a inteligência artificial!

Saiba mais sobre o teste de Turing

https://mod.lk/5sygm
Acesso em: 4 ago. 2025.

Inteligência artificial

A **inteligência artificial** — também conhecida pela sigla IA — pode ser definida como a capacidade de um sistema não humano interpretar corretamente determinados dados, aprender com esses dados e utilizar essa aprendizagem para atingir objetivos e realizar tarefas.

TESTE DE TURING

Os primeiros passos da ideia de IA foram dados em 1950 por Alan Turing (1912-1954), que criou um teste que recebeu seu nome. Um interrogador fazia a mesma pergunta para uma pessoa e para um computador. Se o interrogador não conseguisse distinguir entre a resposta humana e a do computador, este último passaria no teste de Turing e seria considerado inteligente.

Nas décadas seguintes, as pesquisas sobre inteligência artificial se expandiram muito, bem como suas aplicações práticas em diferentes setores da vida. Por isso, a inteligência artificial, suas aplicações e limites se tornaram um dos principais focos de discussão no século XXI.

Proposta de debate

No dia seguinte ao da divulgação do vídeo das meninas xingando os professores, o diretor reuniu todos os alunos na quadra da escola. Sabíamos que ele falaria sobre o assunto, mas não sabíamos como o caso tinha evoluído na tarde anterior.

O diretor pediu silêncio e começou a explicar:

— Vocês sabem que ontem foram divulgados vídeos de algumas alunas da escola que supostamente estariam ofendendo os professores.

Todos acenamos positivamente com a cabeça, e o diretor continuou:

— Pois bem. Já conseguimos comprovar que os vídeos eram falsos e identificar o responsável pela criação e divulgação desses vídeos.

O Fábio levantou a mão e perguntou:

— E quem foi o responsável?

— Preferimos não citar nomes, mas já encaminhamos o caso com as famílias — explicou o diretor.

Marília quis saber:

— E como vocês descobriram que o vídeo era falso?

Marcelo completou:

— E o responsável, como foi descoberto?

O diretor chamou o Sílvio para a frente da turma e explicou:

— A turma do Sílvio foi a responsável por essas descobertas. Eles podem explicar melhor do que eu.

Sílvio tomou a frente e contou:

— O vídeo foi feito com o uso de inteligência artificial, o que o torna quase perfeito.

Maria completou:

— Usamos a IA para analisar elementos que poderiam mostrar se o vídeo era falso.

Alberto arrematou a explicação:

— Para pegar o autor do vídeo também usamos a IA, mapeando as marcas digitais, que são semelhantes às impressões digitais.

A turma toda levantou e bateu palmas, inclusive eu. Em seguida, levantei a mão e falei:

— Gostaria de pedir desculpas em meu nome e no de muitos outros alunos, que desconfiaram que o vídeo falso teria sido produzido pelo grupo do Sílvio.

Sílvio abriu um sorriso e disse:

— Desculpas aceitas. Mas, no debate, estaremos em campos opostos.

— Que debate? — questionei.

O diretor explicou:

— Depois desse caso, convoquei uma reunião com a equipe pedagógica para avaliarmos o que podíamos fazer para problematizar essa ocorrência e evitar outras semelhantes.

A coordenadora completou:

— Decidimos organizar um grande debate sobre a inteligência artificial, levantando seus pontos positivos e negativos.

A turma ficou animada. Primeiro porque, na nossa idade, queremos debater sobre tudo: o melhor time, a cor mais bonita, a comida mais gostosa... Segundo, porque o tema era muito interessante, já que a IA estava presente em todos os momentos da vida: em casa, na escola, no trabalho dos nossos pais e no lazer.

O diretor explicou:

— Os professores vão conversar melhor com vocês nas classes, coletando sugestões de temas para esse debate. Podem voltar para as salas de aula.

Saímos todos agitados pelas novidades apresentadas, principalmente a proposta do debate. E, claro, já fui pensando em argumentos e informações para enfrentar a turma do Sílvio.

Saiba mais sobre os Debates

https://mod.lk/REGNb
Acesso em: 4 ago. 2025.

Debate

Debate é um texto oral argumentativo em que duas ou mais pessoas discutem suas ideias e confrontam pontos de vista sobre um mesmo tema, com o objetivo de convencer os interlocutores ou uma plateia sobre a opinião defendida.

Ele se caracteriza pelo diálogo formal que possibilita a divergência de ideias. Por isso, o assunto debatido deve ser polêmico para resultar em um duelo de opiniões.

O debate apenas terá êxito se os debatedores estudarem o assunto e planejarem seus discursos, acionando uma série de argumentos para defender seu ponto de vista.

TIPOS DE ARGUMENTOS EM DEBATES

Opinião de especialista
Citar a opinião de um especialista.

Consequência
Citar a consequência de um fenômeno

Exemplificação
Dar um exemplo do assunto.

Causalidade
Citar a causa de um fenômeno.

Muito teórico

Na aula, a professora de Geografia explicou como seria o debate:

— Primeiro, vamos elencar alguns temas principais. Depois, escolheremos os grupos que defenderão os pontos positivos e negativos relativos a cada tema.

A professora respirou e completou:

— Vocês têm sugestões de temas?

Eu levantei a mão e sugeri:

— Acho que o primeiro tema deveria ser sobre as definições mais gerais a respeito de inteligência artificial.

A professora concordou e comentou:

— Vocês podem contar com a ajuda dos professores de Matemática e de Ciências para pesquisar sobre essa parte.

Paula interveio:

— Precisamos incluir também nesse debate as consequências econômicas e sociais da inteligência artificial e a questão ética.

A professora explicou:

— Aí, vocês podem contar com a minha ajuda e a do professor de História.

Pedi para falar novamente e propus:

— Podíamos ter um debate com a questão: "Quando a inteligência artificial vai superar a inteligência humana?"

Paula questionou:

— Quando não! Ainda está em debate se isso realmente vai acontecer algum dia...

A professora contemporizou:

— Então, a questão seria: "A IA vai superar a inteligência humana?"

Ela sugeriu mais uma questão:

— "Como a humanidade deve lidar com a inteligência artificial?"

Todos concordamos que essa seria uma boa forma de encerrar o debate.

A professora ponderou:

— O início e o fechamento do debate estão bem definidos. Na próxima aula temos que pensar no recheio dessa discussão, com temas que puxem mais para o concreto, pois está muito teórico.

Ela encerrou a aula como uma lição de casa:

— Pensem e registrem propostas para temas para o debate.

Saiba mais sobre Ética

https://mod.lk/CmtzT Acesso em: 4 ago. 2025.

Ética

A palavra **ética** deriva do termo grego antigo *éthos*, que significa costumes. Nesse sentido, na Antiguidade, uma pessoa era considerada ética quando agia segundo os costumes de seu povo.

Atualmente, a ética pode ser definida como um conjunto de princípios que devem guiar as ações das pessoas em uma determinada sociedade, por exemplo, não matar ou não roubar.

No caso do uso da inteligência artificial, podem ser levantadas diversas questões éticas, por exemplo, o uso dessa ferramenta para produzir e divulgar vídeos falsos, como ocorreu com a meninas da classe do Sílvio e da Paula.

valores

respeito

honestidade

vida

certo

costumes

comportamento

atitude

sociedade

É a economia!

Na aula seguinte, a professora questionou:

— Alguma ideia de como trazer o debate sobre a inteligência artificial mais para o concreto?

Eu sugeri:

— Podemos estudar os impactos da inteligência artificial nos três setores econômicos.

A grande maioria aprovou minha proposta. Então, a professora propôs:

— Vamos repassar os temas do debate.

Eu expliquei:

— O tema 1 será sobre os conceitos principais. Os temas 2, 3 e 4 serão a respeito das influências da inteligência artificial em cada um dos setores da economia.

Marília complementou:

— O tema 5 será sobre a questão "A inteligência artificial vai superar a inteligência humana?".

Saiba mais sobre os Três Setores Econômicos

https://mod.lk/p40zb
Acesso em: 4 ago. 2025.

Fábio finalizou:

— O sexto tema será "Como a humanidade deve lidar com a inteligência artificial?".

A professora questionou:

— E quem vai apresentar os pontos positivos da IA?

Todos olharam para o Sílvio e sua turma. Não precisou nem de votação.

— E quem vai apresentar os pontos negativos?

Novamente os olhares da turma foram unânimes. Todos voltados para mim e para minha turma. Agradecemos a confiança e aceitamos o desafio.

A professora finalizou:

— Os outros alunos da turma devem participar pesquisando e fornecendo argumentos para os debatedores principais.

Todo mundo adorou a proposta e ficou ansioso para o início dos debates.

Três setores econômicos

Na década de 1950, para facilitar o estudo da economia, os pesquisadores Colin Clark (1905-1989) e Jean Fourastié (1907-1990) dividiram as atividades econômicas em três setores:

Setor primário

Atividades de exploração direta dos recursos naturais de origem vegetal, animal e mineral.

Agricultura, pecuária, silvicultura, pesca, extrativismo mineral e extrativismo vegetal.

© VANESSABARCIA/ISTOCK/GETTY IMAGES

Setor secundário

Atividades de transformação de bens a partir de matérias-primas ou de materiais já transformados.

Indústrias metalúrgicas, químicas, automobilísticas, de eletrodomésticos, tecidos, alimentos, remédios e cosméticos.

© FG TRADE/E+/GETTY IMAGES

Setor terciário

Atividades de comércio e prestação de serviços públicos e privados.

Comércio e prestação de serviços públicos ou privados, como educação, saúde, advocacia, arquitetura, transporte, finanças e segurança.

© FG TRADE/E+/GETTY IMAGES

Definições iniciais

A professora deixou a minha turma começar o debate e eu disparei:

— Primeiro temos que definir o algoritmo: um conjunto de passos e de instruções matemáticas para resolver um problema ou tarefa.

Maria completou:

— Essas instruções são transformadas em linguagem de programação de computadores.

Paula resolveu contestar:

— Até aqui eu não estou vendo nada de inteligência artificial. Isso é a base de qualquer computador antigo!

Retruquei:

— É verdade, Paula. Esses foram conceitos básicos apenas para os colegas entenderem. A IA virá mais para frente...

Renata explicou:

— Atualmente, os algoritmos precisam processar muito mais informações do que os computadores antigos. Trata-se de bilhões de dados, compondo a chamada *big data*.

Alberto explicou:

— A partir desse volume imenso de dados, os desenvolvedores criaram sistemas computadorizados que realizam diferentes formas de **aprendizagem das máquinas**.

Renata completou:

— Em alguns casos, as máquinas recebem dados organizados, incluindo o resultado esperado. Nesse caso, dizemos que ocorre um aprendizado supervisionado da máquina.

Renata respirou e deu continuidade:

— Em outros casos, os dados recebidos não estão organizados, nem com resultado definido. Aí, os algoritmos têm que encontrar padrões e agrupar os dados. Nesse caso, ocorre um aprendizado não supervisionado da máquina.

Fábio contestou:

— Você usou o termo aprendizagem, mas não podemos dizer que a máquina aprende algo. Ela apenas processa e organiza dados de acordo com o que foi pré-programada.

Alberto retrucou:

Saiba mais sobre Aprendizagem das máquinas

https://mod.lk/WEMHM
Acesso em: 4 ago. 2025.

— Discordo. Na aprendizagem profunda, a chamada *deep learning*, as máquinas aprendem com os dados, tiram suas próprias conclusões e tomam decisões não programadas.

— E como a máquina faz isso? — questionou a Marília.

Eu expliquei:

— Por meio das redes neurais, que são um conjunto de unidades interligadas, semelhantes aos neurônios do cérebro humano. Elas possuem a capacidade de analisar grandes conjuntos de dados para tomar decisões.

— Me dê um exemplo — provocou Marcelo.

Respondi de imediato:

— Atualmente, há *games* que aprendem com os movimentos de cada jogador e vão mudando suas estratégias e desafios para vencer. Ou seja, a máquina aprende com as jogadas do adversário e toma decisões.

Renata completou:

— Enfim, devido à aprendizagem profunda podemos afirmar que essas máquinas são dotadas de inteligência.

Aprendizagem das máquinas

Os pesquisadores da inteligência artificial consideram que uma das áreas mais importantes de seu estudo é a da **aprendizagem das máquinas**, que possuem a capacidade de realizar previsões e de aperfeiçoar constantemente seu desempenho em uma determinada tarefa.

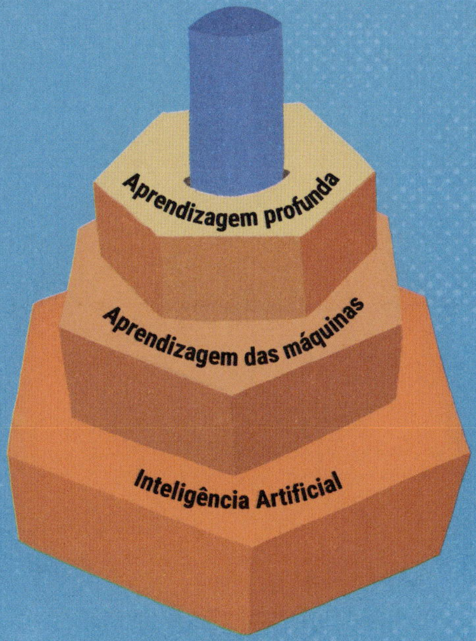

Dentro da aprendizagem das máquinas existe um setor específico chamado de *deep learning* ou aprendizagem profunda, em que o sistema não necessita de um supervisor e aprende sozinho por meio das redes neurais, que imitam o cérebro humano.

Questionando as definições

Depois das explanações do Sílvio, a professora concedeu a palavra ao nosso grupo para apresentarmos nossos argumentos.

Então, comecei:

— Em primeiro lugar, é preciso entender que os dados fornecidos às máquinas são todos criações humanas: textos, imagens, áudios, gráficos, tabelas, mapas, equações matemáticas, fórmulas científicas...

Fábio completou:

— Os algoritmos usados para interpretar esses dados também são criações humanas.

Aí, eu deitei e rolei:

— Isso prova que a máquina não consegue tomar decisões sozinha. Ela é refém dos dados e algoritmos que recebe dos humanos.

Percebendo nosso bom momento, Fábio explicou:

— Ou seja, a máquina não tem inteligência.

Alberto protestou:

— Depende do conceito de inteligência que você estiver usando.

CPU
SSD

Marília explicou:

— Inteligência é a capacidade de raciocinar, planejar, resolver problemas, pensar abstratamente, compreender ideias complexas, aprender com a experiência e ter intencionalidade em suas decisões.

Sílvio questionou:

— Essa é uma definição de inteligência muito específica, feita exclusivamente para o ser humano.

— E que definição vocês propõem? — questionei.

Maria esclareceu:

— Para nós, inteligência é a capacidade de interpretar dados, aprender com esses dados e utilizar essa aprendizagem para atingir objetivos e realizar tarefas complexas.

Sílvio finalizou:

— Por essa definição, as máquinas que utilizam IA podem ser chamadas de inteligentes.

Eu já ia contestar o Sílvio quando a professora interveio:

— A aula está acabando, mas essas questões teóricas voltarão no final dos debates. Na próxima aula, entraremos nos temas mais práticos, com as vantagens e desvantagens da inteligência artificial em cada setor da economia.

Os teóricos têm diferentes visões sobre o que é **inteligência**.

Inteligência

DEFINIÇÕES SOBRE INTELIGÊNCIA

VISÃO 1

Capacidade de ativar simultaneamente diversas habilidades com intencionalidade e planejamento.

Apenas o ser humano possui inteligência.

VISÃO 2

Capacidade de um agente de realizar diversas tarefas visando atingir um determinado objetivo.

As máquinas que utilizam IA também possuem inteligência.

Setor primário: influências positivas

Na semana seguinte, os debates continuaram sendo o assunto mais comentado da escola. Na hora do intervalo, meu grupo trocava olhares tortos com o da Paula e eu cutucava baixinho:

— Vão fazer uma comunidade alternativa, seus *hippies*!

Paula retrucava:

— Vão estudar fórmulas matemáticas, seus *nerds*!

No dia do debate, a professora nos passou a palavra e eu comecei pela agricultura:

— A inteligência artificial analisa as fotografias da plantação obtidas por drones, comparando-as com milhares de outras do seu banco de dados.

Maria complementou:

— A partir dessa comparação de fotografias, a IA consegue fazer previsões sobre a qualidade do solo, as doenças das plantas, os melhores tipos de sementes, a melhor época para a colheita e a previsão da safra.

Alberto arrematou:

— E a própria IA oferece soluções para os problemas detectados, como o tipo de nutrientes que pode melhorar a qualidade do solo e como combater as doenças das plantas.

Retomei a palavra:

— Outra novidade são as máquinas agrícolas inteligentes, que funcionam de forma autônoma, como tratores, arados e pulverizadores de defensivos agrícolas e irrigadores de água.

Renata concluiu:

— Ao fazer todos esses controles de forma eficiente, a inteligência artificial contribui para evitar desperdícios de água e a contaminação do solo, contribuindo para a **sustentabilidade**.

Retomei a palavra e expliquei:

— Na criação de animais, os avanços também são enormes. Por meio da IA acoplada a diferentes tipos de sensores, é possível mapear os movimentos dos animais, as doenças que os afligem e a quantidade de leite que produzem.

Maria completou:

— Esses dados permitem à IA fazer previsões sobre o gênero dos bezerros que vão nascer, o peso dos animais, o tipo e a quantidade de ração mais adequada a cada um.

Maria emendou:

— Já no extrativismo mineral, a inteligência artificial pode utilizar informações coletadas por drones e sensores para estudar um determinado local, identificando seu potencial para extração mineral.

Eu comentei:

— Além disso, a IA pode ser utilizada para simular modelos de exploração mineral e movimentar escavadeiras.

Alberto completou:

— A inteligência artificial pode ser usada também para prever rachaduras nas minas, evitando acidentes.

Concluí nossa apresentação com uma fala forte que havia ensaiado em casa:

— Enfim, a inteligência artificial está realizando uma verdadeira revolução nas atividades do setor primário!

Sustentabilidade

Em 1987, a Comissão Mundial sobre Meio Ambiente e Desenvolvimento, criada pela Organização das Nações Unidas (ONU), definiu o desenvolvimento **sustentável** como aquele que é capaz de suprir as necessidades da geração atual, garantindo a capacidade de atender as necessidades das futuras gerações.

Saiba mais sobre Sustentabilidade

https://mod.lk/gKvZr Acesso em: 4 ago. 2025.

Nas décadas seguintes, essa definição foi ampliada pela ONU, que criou 17 Objetivos de Desenvolvimento Sustentável, que devem ser implementados por todos os países do mundo:

Setor primário: influências negativas

Iniciei minha apresentação elogiando o grupo do Sílvio:

— Os colegas mostraram muito bem as vantagens da inteligência artificial para as atividades do setor primário.

— Muito obrigado — respondeu Sílvio.

Dei um sorrisinho e cutuquei:

— Mas, agora, vamos mostrar as desvantagens.

Fábio explicou:

— O problema principal é que, para a implantação de toda a tecnologia citada, são necessários diversos insumos caros como drones, sensores, computadores modernos, acesso à internet de banda larga e *softwares* com programação de IA.

Marília complementou:

— Toda essa tecnologia é acessível apenas a 5% dos grandes proprietários rurais, sendo inacessível a 95% dos pequenos e médios proprietários.

Entrei novamente:

— E, como são os únicos com acesso à IA, esses grandes proprietários vão produzir mais e melhor, barateando seus custos.

Fábio explicou:

© PEDRO VILELA/GETTY IMAGES

© MURILO GUALDA/ISTOCK/GETTY IMAGES

— E, assim, a inteligência artificial vai contribuir para aumentar ainda mais a força dos grandes proprietários, que representam uma minoria, reforçando a **desigualdade** no campo.

Maria desafiou:

— E o que fazer para corrigir essa situação?

Marília disse:

— Os governantes precisam liberar ajuda financeira e técnica aos pequenos proprietários para que eles tenham acesso à inteligência artificial.

Tomei a palavra e introduzi outro assunto:

— Nossos colegas levantaram a contribuição da inteligência artificial para aumentar a sustentabilidade no campo. Só esqueceram de falar que essa mesma IA é fonte de problemas ambientais — provoquei.

Marília explicou:

— Quando se fala em IA, a gente pensa em algo abstrato, a tal nuvem. Mas, na verdade, há toda uma estrutura física por trás dela, por exemplo, os gigantescos *data centers* para transmissão de dados.

Marcelo complementou:

Saiba mais sobre Desigualdade

https://mod.lk/xrKri
Acesso em: 4 ago. 2025.

— Eles usam uma quantidade gigantesca de energia, emitem muito dióxido de carbono na atmosfera e contribuem para a produção de lixo eletrônico.

Incluí mais um problema:

— Além disso, um dos elementos essenciais para a fabricação de computadores e demais sistemas é o lítio, obtido com práticas de mineração muitas vezes destrutivas para o ambiente.

Sílvio contrapôs:

— Cabe aos governantes fiscalizarem esses pontos citados, mas é inegável que a IA tem pontos positivos em relação à sustentabilidade.

A professora ponderou:

— Os dois grupos mostraram muita qualidade em suas informações e seus argumentos, bem como respeito às opiniões do outro. Espero que prossiga assim!

Desigualdade

A **desigualdade** entre pessoas ou grupos esteve presente em diversas sociedades ao longo da história. Atualmente, há diferentes tipos de desigualdade: econômica (grandes diferenças de renda), social (diferentes posições na sociedade), de gênero (diferentes tratamentos para homens e mulheres), étnicas e raciais (diferentes tratamentos de acordo com cor/etnia).

A Organização das Nações Unidas publica um relatório anual sobre a desigualdade no rendimento dos habitantes de diversos países. Para isso, utiliza um índice chamado de Índice de Gini, em que 0 (zero) representa total igualdade e 100 (cem) total desigualdade.

DESIGUALDADE NO RENDIMENTO

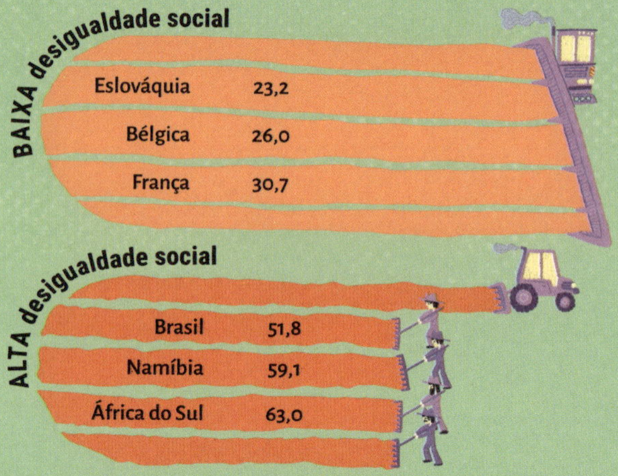

Fonte: Relatório de Desenvolvimento Humano/Pnud/ONU, 2024.

Setor secundário: influências positivas

Na hora dos debates, na frente da professora, nosso grupo e o da Paula têm mantido um nível alto. Mas, nos corredores e no intervalo, a disputa está ganhando contorno de guerra.

Nós ganhamos o apoio inesperado das *it girls* e dos *it boys*. Já o grupo da Paula está sendo apoiado pelos esportistas. Ou seja, a turma está literalmente dividida ao meio.

No intervalo e na saída as provocações estão ficando mais fortes:

— Voltem para a Idade da Pedra! — nós provocamos.

— Vão fazer ficção científica! — recebemos como resposta.

Depois do intervalo, comecei nossa explanação:

— No setor secundário, a inteligência artificial também está muito presente.

Maria exemplificou:

— O exemplo mais conhecido é o dos braços robóticos que atuam nas linhas de produção de muitas indústrias. Eles podem ser interligados com IA, ganhando autonomia para tomar decisões.

Renata emendou:

— O uso desses braços robóticos inteligentes permite aumentar a eficiência e a produtividade da fábrica. Além disso, libera os trabalhadores de tarefas mais perigosas, aumentando a segurança no trabalho.

Alberto explicou:

— A inteligência artificial tem sido utilizada também na análise de milhares de dados sobre matérias-primas, fases de produção e mercado consumidor. A partir dessa análise, a IA gera soluções visando a otimização do processo produtivo.

Eu retomei a palavra:

— A IA permite também o controle dos estoques e das operações logísticas de transporte de mercadorias. Tudo isso contribui para a redução de custos e o consequente aumento dos lucros.

Renata complementou:

— O uso da inteligência artificial na indústria permite reduzir em 40% o consumo de energia, em 30% o consumo de água e em 20% a emissão de gases na atmosfera.

Finalizei nossa apresentação:

— Toda essa mudança nas atividades do setor secundário é chamada de **indústria 4.0**.

Indústria 4.0

A **indústria 4.0** é caracterizada por uma série de processos inovadores, como a automatização dos processos e a utilização da internet das coisas, que conecta objetos físicos e dispositivos digitais. Esses dispositivos obtêm dados na *big data* e os armazenam em nuvem. Já a inteligência artificial analisa os dados coletados, aprende com eles e toma decisões.

Saiba mais sobre Indústria 4.0

https://mod.lk/n1IMC
Acesso em: 4 ago. 2025.

Setor secundário: influências negativas

Depois das falas do grupo do Sílvio era nossa vez. Iniciei a apresentação explicando:

— Com a automação e a inteligência artificial, milhões de trabalhadores da indústria perderão seus empregos.

Marcelo concluiu o raciocínio:

— Todo esse processo é chamado de **desemprego tecnológico**.

© VANDERLEI ALMEIDA/AFP VIA GETTY IMAGES

Sílvio retrucou:

— Mas, têm surgido novas profissões relacionadas com a IA, como o engenheiro de *prompt*, que gerencia modelos de linguagem da inteligência artificial!

Eu respondi:

— Sim, mas os novos postos de trabalho serão muito menores do que os que serão perdidos. Além disso, exigirão alta especialização, que a maioria dos desempregados não tem.

Renata questionou:

— E qual a solução?

Fábio respondeu:

— Novamente caberá aos governantes tomarem medidas para amenizar o desemprego, como realizar treinamentos com esse pessoal para tentar qualificá-los para o novo mercado de trabalho. No caso dos jovens, como nós, que ingressarão no mercado de trabalho, é necessária uma formação integral e atualizada.

Tomei a palavra e reforcei:

— Aqui também tratamos de insumos caros como robôs, sensores e *softwares* de inteligência artificial.

Saiba mais sobre desemprego tecnológico

https://mod.lk/Y367M
Acesso em: 4 ago. 2025.

Marília completou:

— O uso da inteligência artificial está restrito às grandes e médias indústrias, que representam apenas 6% do total. Os demais 94% são de pequenas indústrias, que não têm condições de implementar a tal da indústria 4.0.

Marcelo complementou:

— Novamente, caberá aos governantes criarem programas de incentivo econômico e técnico para as pequenas indústrias terem acesso ao uso da inteligência artificial.

Peguei a palavra para finalizar nossa apresentação:

— Quanto à questão da sustentabilidade, reforçamos o que dissemos sobre o setor primário: a IA envolve processos que geram alto gasto de eletricidade, emissão de gases poluentes e lixo eletrônico.

Desemprego tecnológico

O **desemprego tecnológico** é aquele resultante da adoção de novas tecnologias. Atualmente, muitos pesquisadores acreditam que a automação decorrente da IA será responsável por eliminar milhões de postos de trabalho, não apenas nas atividades manuais, como ocorreu nas revoluções anteriores, mas, também, em tarefas mais complexas que, agora, poderão ser realizadas sem a presença humana.

POSSIBILIDADE MÉDIA DE AUTOMAÇÃO DE EMPREGOS AO REDOR DO MUNDO

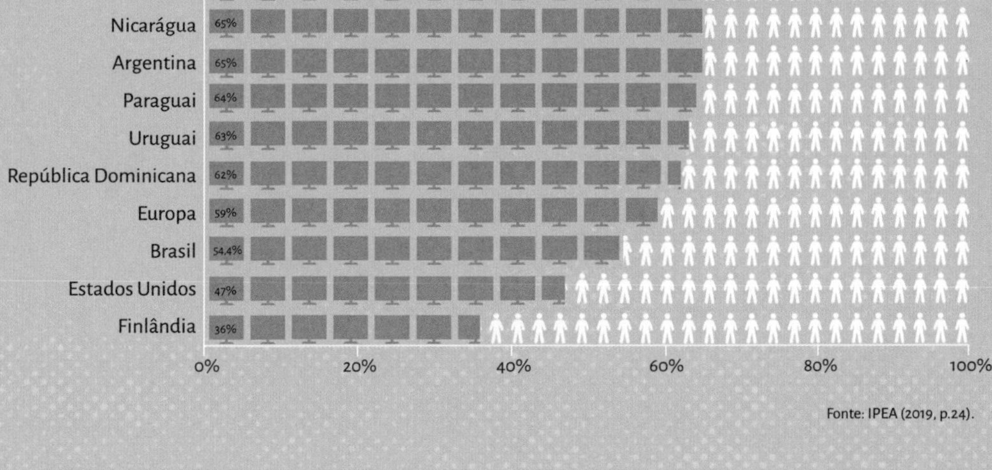

Fonte: IPEA (2019, p.24).

Setor terciário: influências positivas

A cada nova rodada de debate, a polarização entre os alunos aumentava. Em um recreio, a situação explodiu. O Alberto gritou com o Marcelo, que respondeu com um sonoro palavrão.

O inspetor interveio:

— Ei, ei! O motivo dessa briga é o debate?

Ninguém quis confirmar, mas o diretor percebeu e ameaçou:

— Se vocês continuarem assim, vamos cancelar esse debate.

Nós e o grupo da Paula imploramos para que ele não o cancelasse e prometemos nos comportar bem dali em diante.

Na aula seguinte, comecei:

— O setor terciário inclui muitas profissões, mas todas elas estão sendo impactadas pela inteligência artificial.

Maria complementou:

— No caso do comércio, o exemplo mais conhecido são os *chatbots*, programas de computador que simulam uma conversa com o cliente.

Paula interveio:

— E que nunca respondem ao que a gente quer saber...

Maria explicou:

— É verdade. Os *chatbots* antigos só respondiam a perguntas pré-programadas com respostas-padrão. Mas, com a chegada da inteligência artificial, eles passaram a aprender com as perguntas e a gerar respostas mais adequadas para cada caso.

Alberto explicou:

— A inteligência artificial também permite aos comerciantes analisar dados e gerar soluções sobre gestão de estoques, previsão de vendas, controle de perdas, seleção de funcionários, contatos com fornecedores e estudo da concorrência.

Retomei a palavra e anunciei:

— A IA está muito presente em outro serviço essencial para todos: a saúde. Ela tem sido usada para analisar milhares de prontuários médicos, identificando doenças mais frequentes e propondo tratamentos preventivos mais eficazes.

Maria completou:

— O uso de braços robóticos inteligentes em cirurgias complexas, como as de coluna e cardíacas também tem avançado muito.

Alberto introduziu um novo assunto:

— Na educação a IA também está muito presente. Para nós, alunos, o caso mais comum é o uso *chatbots* que ajudam a realizar tarefas e pesquisas, gerando textos perfeitos.

Eu complementei:

— Há também os sistemas tutores inteligentes e plataformas adaptativas que criam sequências didáticas personalizadas, de acordo com as dúvidas e necessidades de cada aluno, incluindo materiais didáticos e avaliação.

Renata introduziu um novo setor:

— Na advocacia, a inteligência artificial também está presente, principalmente na realização de pesquisas e produção de textos simples, como as petições.

Alberto explicou:

— A IA permite também a análise de milhares de processos, identificando as decisões mais comuns em cada caso, o que facilita a ação do advogado e do juiz. Isso é chamado de **justiça preditiva**.

Maria completou:

— Na área de segurança, há um uso semelhante da IA na análise de prontuários de criminosos, que permite prever possíveis reincidências, chamada **polícia preditiva**.

Alberto trouxe outro tema:

— Os grandes jornais também estão utilizando a inteligência artificial para produzir textos com gráficos, tabelas e outros anexos.

Renata comentou:

— Nos escritórios de arquitetura e de engenharia, a IA também tem sido utilizada na pesquisa e produção de projetos, plantas e modelos em 3D.

Eu finalizei nossa explicação:

— Enfim, no setor de serviços, a inteligência artificial também está causando uma revolução!

Justiça e polícia preditivas

O termo **preditivo** remete a algo que se pode prever. Nesse sentido, a justiça preditiva compreende o uso de algoritmos para **analisar precedentes** e prever prováveis resultados de processos legais.

Saiba mais sobre Justiça e polícia preditiva

https://mod.lk/pc3X0
Acesso em: 4 ago. 2025.

Já a polícia preditiva usa os algoritmos para analisar prontuários de criminosos visando prever possíveis novos crimes. Seus defensores acreditam que a justiça e a polícia preditivas permitem aumentar a segurança jurídica, melhorar o planejamento e as estratégias de combate ao crime e otimizar os julgamentos, evitando acúmulo de processos.

Os críticos afirmam que essas estratégias estão sujeitas a perpetuar preconceitos e vieses dos dados que embasaram suas decisões, como veremos no capítulo seguinte.

Setor terciário: influências negativas

Iniciei nossa apresentação com um repeteco:

— Assim como nos demais setores, no terciário o investimento para utilização da inteligência artificial é alto, impossibilitando o acesso aos pequenos empresários, que constituem a maioria.

Fábio complementou:

— E, novamente, a implementação da IA no setor terciário implicará em uma grande quantidade de perda de empregos.

Marília deu continuidade:

— No caso da saúde, temos vários problemas no uso da IA. Em primeiro lugar a análise de prontuários médicos pode conter algum tipo de viés algorítmico, gerando resultados questionáveis, que podem induzir a decisões individuais ou coletivas que impactem negativamente a saúde de um grupo de pessoas.

— Me dê um exemplo — desafiou Sílvio.

Marcelo exemplificou:

— Nos Estados Unidos, um plano de saúde privado usou a IA para pesquisar nos prontuários médicos os pacientes considerados mais graves para oferecer um tratamento preventivo. O resultado só apresentava pacientes com renda média e alta. Nenhum com renda baixa.

— E onde está o viés algorítmico? — questionou Renata.

— A ausência de pobres não comprova que eles têm menos doenças graves, mas se deve ao fato de que eles têm menos acesso aos planos de saúde devido a questões econômicas e sociais, informação que a IA não levou em conta em sua pesquisa.

Eu introduzi outro tema:

— Na educação, as chamadas plataformas adaptativas ou sistemas tutores inteligentes conseguem produzir atividades para um aluno, mas não conseguem elaborar aulas coletivas ou para pequenos grupos.

Fábio pegou o gancho:

— Além disso, nessas plataformas e tutores há o perigo de que os dados pessoais do aluno sejam utilizados de forma irregular, por exemplo, para envio de propagandas.

Marília comentou:

— Os textos gerados pelos *chatbots*, usados nas escolas e nos jornais, dependem dos dados de origem, que podem ter vieses. Além disso, o *chatbot* nem sempre consegue interpretar questões complexas ou dúbias.

Eu fechei nossa apresentação:

— Ou seja, assim como nos demais setores da economia, no terciário o uso da IA apresenta vantagens, mas, também, muitas desvantagens.

Viés algorítmico

© ALINSTOCK/SHUTTERSTOCK

Viés é uma distorção de julgamento com a tendência de atribuir um julgamento prévio favorável ou desfavorável a determinadas pessoas ou grupos sociais. Os algoritmos, como criações humanas, podem sofrer diferentes tipos de vieses, em relação às características étnicas, de gênero ou orientação sexual.

O caso mais famoso é o do *software* COMPAS, utilizado pela Justiça dos Estados Unidos. A partir de dados coletados nos prontuários policiais, ele indicava que a probabilidade de um negro cometer um crime era o dobro da de um branco. Essa conclusão colocava os negros como suspeitos potenciais, o que é claramente um viés racista.

Outro exemplo ocorreu em um processo seletivo feito por IA para uma grande empresa multinacional. O cargo era aberto para homens e mulheres, mas a IA selecionou apenas homens. Além disso, não selecionou nenhum candidato que cursou faculdade com o nome de mulher. Exemplo claro de viés de gênero.

Saiba mais sobre Viés Algorítmico

https://mod.lk/lri25
Acesso em: 4 ago. 2025.

Exemplo de viés algorítmico

Imagens fornecidas para a IA durante o treinamento

Cachorros

Isso é um cachorro.

Gatos

Isso é um gato.

Pergunta para a IA

É gato ou cachorro?

Resposta da IA

A resposta foi errada devido ao viés algorítmico que foi construído apenas com fotos de cachorros pretos e de gatos brancos.

Superando a inteligência humana

Na aula seguinte, iniciei minha apresentação provocando:

— A inteligência artificial já está superando a humana!

Maria exemplificou:

— Hoje já temos robôs-médicos inteligentes que realizam cirurgias complexas, como as cardíacas, de forma independente e com destreza superior à humana.

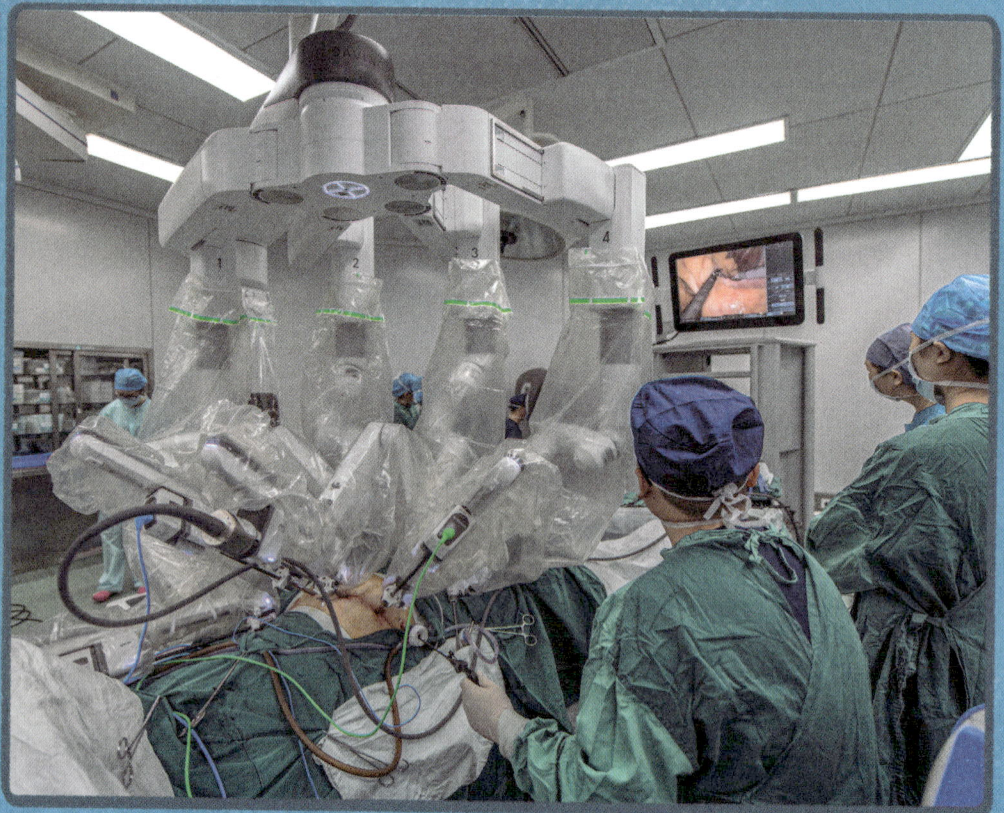

Renata ampliou:

— Em alguns países europeus, há robôs-juízes inteligentes que decidem sobre pequenas causas.

Alberto completou:

— Os automóveis autômatos já percorrem quilômetros em estradas de diversos países.

Retomei a palavra:

— Programas de inteligência artificial escrevem textos para jornais e produzem materiais didáticos para milhões de alunos.

Maria exemplificou:

— Programas de IA também elaboram projetos de engenharia e arquitetura.

Renata citou:

— A IA também produz obras literárias e pinturas com qualidade altíssima...

Paula cutucou:

— Até aí não vi nada diferente do que vocês já falaram. A IA reproduzindo ações humanas. Onde está a superação da inteligência humana?

Renata explicou:

— Todo esse acúmulo de avanços vai gerar uma IA suficientemente inteligente para compreender a sua própria concepção.

Renata completou:

— Essa IA tenderá a reformular-se ou a criar um sistema sucessor, mais inteligente.

Alberto pontuou:

— Esse sistema sucessor poderá reformular-se novamente para tornar-se ainda mais inteligente, e assim por diante, em um ciclo de mudanças positivas.

Alberto finalizou:

— Assim, esse ciclo de reformulações sucessivas gerará uma **superinteligência**, com capacidade superior à humana.

Marília provocou:

— Só falta vocês dizerem que a inteligência artificial terá emoções humanas!

Entrei firme na resposta:

— Sim, terá. Atualmente, certos programas de IA já reproduzem emoções humanas, como tristeza e alegria.

Maria pegou o bastão:

— Mas, nesse ciclo de reformulações sucessivas, a IA desenvolverá emoções próprias e genuínas.

Marcelo questionou:

— Então, na visão de vocês, em breve, a inteligência artificial será como uma pessoa?

— Exatamente! — expliquei.

A turma toda ficou impressionada com nossas explicações e com a previsão de surgimento da superinteligência artificial.

Superinteligência

Os estudiosos da inteligência artificial identificaram três estágios de desenvolvimento da IA que seriam capazes de se suceder no tempo, como representado no esquema:

IA FRACA

IA realiza atividades específicas a partir dos algoritmos criados pelos seres humanos.

IA FORTE

IA possuirá uma inteligência igual à dos humanos, terá uma consciência própria com capacidade de resolver problemas, descobrir e planejar para o futuro.

SUPERINTELIGÊNCIA

IA superará o desempenho cognitivo dos seres humanos em todos os domínios.

© TIM VERNON / SCIENCE PHOTO LIBRARY/GETTY IMAGES

Saiba mais sobre Superinteligência

https://mod.lk/qnBsy
Acesso em: 4 ago. 2025.

Ficção ou realidade?

Iniciei minha fala provocando:

— O grupo do Sílvio apresentou um roteiro cinematográfico brilhante! Mas, que não passa de ficção científica...

Fábio pegou meu gancho:

— Vale lembrar que, neste debate, já questionamos se a IA realmente representa uma forma de inteligência.

Marília deu sequência:

— Para efeito de debate, vamos considerar que, atualmente, existe a chamada IA fraca.

Marcelo completou:

— Mas, será que ela evoluirá para a IA forte e a superinteligência?

Eu peguei a bola:

— A resposta é clara: não!

Respirei fundo e completei:

— Para chegar a uma inteligência igual ou superior à humana, a IA precisaria ter intencionalidade.

Fábio pegou o bastão:

— A intencionalidade só existe se houver um agente consciente que possua uma subjetividade, que avalie e modifique esse sentido, adaptando-o e o ressignificando constantemente.

Marília completou:

— Assim, sem consciência, sem subjetividade, sem intencionalidade não existe inteligência semelhante à humana.

Sílvio questionou:

— Mas o que vocês estão chamando de consciência?

Marcelo explicou:

— A consciência pode ser definida como o conjunto de estados subjetivos de sensibilidade, como as emoções, e de ciência, como as decisões racionais, que se iniciam quando uma pessoa acorda e que se estendem ao longo do dia.

— E por que a IA não pode ter esses estados? — perguntou Renata.

Peguei a palavra:

— Porque a IA não tem subjetividade e interioridade, que são atributos exclusivos dos seres humanos.

Marília completou:

— Estados de espírito e emoções dependem de hormônios e neuromoduladores, que a IA não possui e nunca possuirá.

Alberto entrou no debate.

— As redes neurais artificiais, que imitam o cérebro humano, não podem realizar essas ações?

Marcelo explicou:

Saiba mais sobre a polêmica "A inteligência artificial vai superar a inteligência humana?"

https://mod.lk/rKg2d
Acesso em: 4 ago. 2025.

— Não. O cérebro humano tem bilhões de neurônios, gerando trilhões de impulsos nervosos, e a IA não atinge nem 10% dessa capacidade.

Tomei a palavra e finalizei nossa apresentação:

— Enfim, não há nenhuma prova de que a inteligência artificial superará a inteligência humana.

Sílvio, claro, pediu réplica:

— Também não há prova definitiva de que isso não pode acontecer.

Antes que eu pedisse a tréplica, a professora argumentou:

— Como vimos, esse é um assunto que envolve muita **polêmica**, com argumentos válidos dos dois lados. O desafio para a classe toda é pensar nesses argumentos apresentados hoje.

Polêmica

A **polêmica** é a discussão com opiniões divergentes. Veja duas opiniões de pesquisadores e professores universitários sobre a ideia de IA superinteligente:

A FAVOR DA IA SUPERINTELIGENTE

Nome: Nick Bostrom

Cargo: professor da Universidade de Oxford, Inglaterra.

"A máquina inteligente conseguirá superar a inteligência biológica [...] As máquinas já são mais fortes do que nós. Penso que também acabarão sendo mais inteligentes [...]."

© STEPHEN MCCARTHY/SPORTSFILE VIA GETTY IMAGES

CONTRA A IA SUPERINTELIGENTE

Nome: John R. Searle

Cargo: professor da Universidade da Califórnia, Berkeley, Estados Unidos.

"Seja lá o que o cérebro faça para produzir intencionalidade, esta não pode consistir na instanciação de um programa [máquina], pois nenhum programa [máquina] é por si só suficiente para produzir a intencionalidade."

© BASSO CANNARSA/OPALE/ALAMY/FOTOARENA

Liberdade é o caminho!

Estávamos chegando ao final do debate. E o último tema, assim como os anteriores, daria muita polêmica.

Como sempre, comecei provocando:

— Temos visto muita gente defendendo leis, regras e controles rígidos sobre a inteligência artificial, mas nós somos contra.

Maria explicou:

— O excesso de regulamentação acabaria impedindo a inovação, e o Brasil ficaria para trás no mundo da IA.

Renata desenvolveu a ideia:

— No Brasil, já há diversas leis que podem ser aplicadas em casos envolvendo a IA: Constituição, Código Civil, Código de Defesa do Consumidor, Lei Geral de Proteção de Dados e Marco Civil da Internet.

Alberto fechou a ideia:

— Por isso, não precisamos acelerar a criação de uma legislação específica sobre IA, que pode envelhecer rapidamente pelo avanço da tecnologia.

Paula questionou:

— Vocês são contra qualquer regra sobre IA?

Eu retomei a palavra:

— Somos favoráveis ao estabelecimento de princípios gerais de funcionamento da IA, mas sem detalhamento de regras muito específicas.

Maria avançou:

— Outro caminho é a criação de um órgão regulador, mas sem caráter punitivo, apenas cooperativo, garantindo a troca de ideias entre todos envolvidos no tema.

Renata completou:

— Também pode ser aplicada a autorregulamentação, em que os próprios produtores de conteúdo de IA criariam um código de conduta voluntário.

Alberto interveio:

— Outro modelo interessante seria exigir dos criadores de IA um Relatório de Impacto da Inteligência Artificial. Nesse relatório, eles teriam que listar os possíveis impactos da nova tecnologia e as medidas que poderiam ser tomadas para amenizá-los.

Eu retomei a palavra:

— Todos esses modelos são melhores do que a imposição de uma regulamentação rígida e detalhada, que pode constituir uma ameaça aos direitos digitais dos usuários de IA e gerar insegurança para os criadores.

Respirei fundo e finalizei:

— Enfim, defendemos a liberdade de criação e o uso da IA sem excesso de regulamentações e leis!

Saiba mais sobre as críticas à legislação sobre inteligência artificial

https://mod.lk/mzCj3
Acesso em: 4 ago. 2025.

Regulamentar é preciso!

Depois da explanação teórica do grupo do Sílvio, decidi começar com casos concretos:

— Se um automóvel autômato atropelar e matar uma pessoa, quem será processado criminalmente? E se um robô-médico errar e o paciente morrer, quem será preso?

Sílvio replicou:

— A empresa fabricante pode ser obrigada a pagar uma indenização à família da pessoa morta.

Trepliquei na hora:

— Mas isso não resolve o aspecto criminal. Quem será preso? O dono da empresa? O programador que criou a IA? O operador que a colocou em funcionamento?

Antes que ele tentasse responder, eu emendei:

— Ninguém, pois não há legislação clara sobre esse tipo de situação.

Fábio emendou:

— Alguns legisladores europeus até avaliaram a hipótese de considerar este tipo de IA uma "pessoa eletrônica", com direitos e deveres, como a responsabilidade de responder por danos causados a humanos.

Marília explicou:

— Mas eles desistiram dessa ideia pelos perigos que ela traria ao dar à IA um tratamento semelhante ao dos humanos.

Eu retomei a palavra:

— O primeiro critério para uma legislação sobre IA é a exigência de explicabilidade.

— O que significa esse nome chique? — provocou Sílvio.

Fábio explicou:

— Significa que os desenvolvedores de IA têm que explicar como o algoritmo realiza a aprendizagem profunda que gera determinada decisão.

Marília comentou:

— Isso ajudaria, por exemplo, a identificar a origem de vieses dos algoritmos, como os preconceitos.

— Isso é muito difícil de fazer! — objetou Sílvio.

— Mas não impossível — pontuei. — Há como fazer a engenharia reversa, isto é, partindo da decisão da IA inspecionar retroativamente os dados e escolhas que levaram a ela.

Marcelo introduziu um novo princípio:

— As normas sobre IA devem também garantir a auditabilidade.

Antes que o Sílvio provocasse, eu expliquei:

— Nesse caso, o usuário ou os agentes públicos terão direito de auditar os processos decisórios dos algoritmos, testá-los e corrigi-los quando necessário.

Fábio trouxe um novo tema:

— A legislação deve garantir também o direito à privacidade e à proteção dos dados pessoais que compõem a *big data*, fonte de material para a IA.

Marília lançou uma pergunta:

— Quando um *chatbot* produz um texto ou cria uma pintura baseado em criações humanas, de quem é a autoria?

Marcelo completou:

— Por isso, outro tema para a legislação da IA deve ser a garantia do respeito ao direito autoral.

Finalizei nossa exposição:

— Pelo exposto, consideramos que é preciso criar uma legislação detalhada sobre a IA, abordando os vários níveis de influência dela em nosso cotidiano.

Legislação sobre IA

Ao longo do século XXI, muitos organismos internacionais, países e blocos de países criaram **legislações**, isto é, conjunto de regras e leis, sobre a Inteligência Artificial.

© DA-KUK/GETTY IMAGES

Em 2021, durante uma reunião da Organização das Nações Unidas para a Educação, a Ciência e a Cultura (Unesco) 193 países, incluindo o Brasil, assinaram o primeiro acordo global sobre ética na Inteligência Artificial, comprometendo-se a construir legislações sobre a IA a partir de princípios éticos, como transparência, responsabilidade e privacidade.

Em 2024, o Parlamento Europeu, que representa 27 países, aprovou uma extensa legislação sobre a IA, levando em conta os pressupostos definidos pela Unesco. Nesse mesmo ano, o Congresso Nacional brasileiro discutiu o Marco Legal da Inteligência Artificial (IA) no Brasil.

Saiba mais sobre a regulamentação da inteligência artificial no Brasil

https://mod.lk/t39JG
Acesso em: 4 ago. 2025.

Depois

...

Uma proposta ousada

Na aula seguinte, a professora pediu que nosso grupo fizesse uma avaliação do debate. Eu comecei:

— Acho que deu para explicar aos colegas os principais conceitos da inteligência artificial, como algoritmo, aprendizagem profunda e redes neurais.

Maria comentou:

— Mostramos também a revolução causada na agricultura e na pecuária com o uso da IA nas previsões e soluções para melhorar a qualidade do solo, o uso de sementes, a irrigação, as colheitas, as doenças nos animais, o peso adequado e a quantidade de leite desejada.

Alberto tomou a palavra:

— No caso da indústria, vimos como a IA contribui para a automação, com os robôs inteligentes, e como ajuda no controle de estoques, preços e vendas. Não é à toa que ela é chamada de indústria 4.0!

Maria explicou:

— No caso do setor terciário, são muitas as inovações com a IA. Os robôs-cirurgiões. Os *chatbots* e as plataformas adaptativas usados nas escolas. Os programas inteligentes que produzem plantas de arquitetura, textos jornalísticos e obras de arte.

Renata concluiu:

— Tudo isso mostra como a inteligência artificial é a grande mudança no modo de vida do século XXI.

Alberto completou as falas dos colegas:

— Pudemos mostrar também como, em nosso ponto de vista, a IA vai tornar-se uma superinteligência, superando a inteligência humana.

Pedi a palavra:

— Mas a gente não aprendeu apenas sobre inteligência artificial. Aprendemos sobre o que é um debate verdadeiro.

Respirei fundo e disse:

— No início, a gente só queria "ganhar" o debate, derrotando o pessoal da Paula. Fazíamos provocações bobas na hora do intervalo e reagíamos às falas deles como torcida organizada diante do adversário.

— E o que mudou? — questionou a professora.

— A gente foi percebendo que os argumentos deles eram muito bem sustentados, mesmo quando a gente não concordava.

Alberto explicou:

— Fomos começando a perceber que o debate era muito mais do que vencer. Era sobre aprofundar a discussão de um tema importante, no nosso caso, a IA.

Finalizei nossa avaliação:

— Na verdade, fomos vendo que essa história de panelinhas fechadas que se odeiam é muito infantil.

Respirei fundo e completei:

— Por isso, tenho uma proposta para a próxima aula: vamos misturar todos os grupos!

— Como assim? — quis saber Paula.

— O meu grupo vem vestido como o de vocês e vice-versa. *It girls* e *it boys* também trocam de *style* com os esportistas.

Completei minha ideia:

— E, no intervalo, todo mundo conversa com todo mundo, sem grupinhos isolados.

Todos aprovaram a proposta. Acho que vai ser irado!

Todo mundo junto!

A última aula do debate foi diferente. Todo mundo com *style* trocado. Muitas risadas. Clima de alegria no ar. Na aula, coube ao nosso grupo fazer uma análise dos argumentos críticos à IA.

Eu dei o pontapé inicial:

— Nós apresentamos os dados das pesquisas que mostram um enorme desemprego tecnológico causado pela substituição dos trabalhadores por máquinas inteligentes.

Fábio deu continuidade:

— Alertamos também para o fato de que, devido ao alto custo, a IA é acessível apenas aos grandes proprietários rurais, industriais e comerciais, contribuindo para a concentração de renda e o aumento da desigualdade.

Marília complementou:

— Outro ponto importante que destacamos foram os impactos ambientais do uso acelerado da IA.

Marcelo interveio:

— Também alertamos para os vieses algorítmicos que podem contribuir para ampliar o preconceito de raça e etnia, de gênero ou de classe social.

Eu retomei a palavra:

— Contudo, nossa contribuição mais importante foi a discussão de conceitos complexos, como inteligência, consciência e intencionalidade.

Dei uma parada e completei:

— A partir desses conceitos pudemos argumentar que a IA nunca superará a inteligência humana.

Marília entrou novamente na conversa:

— Assim como o grupo do Sílvio, também percebemos nossa evolução como grupo: saindo de uma visão infantil de apenas "ganhar o debate" para uma visão mais madura de entender e valorizar os argumentos contrários aos nossos.

Fábio finalizou:

— Nesse sentido, crescemos não apenas no conhecimento dos prós e contras da IA, mas como seres humanos!

A turma toda aplaudiu. No entanto, nosso colega Vagner questionou:

— Mas, afinal, a inteligência artificial vai ou não vai superar a inteligência humana?

Eu e o Sílvio nos entreolhamos e recitamos juntos uma resposta que havíamos combinado:

— Os argumentos favoráveis e desfavoráveis estão na mesa. Agora, vocês decidem!

Depois dessa fala de impacto, partimos para abraçar o pessoal do Sílvio e o restante da turma. A professora, que ia dizer umas palavras finais, mudou de ideia:

— Vocês já disseram tudo que eu tinha preparado. Só me resta dar parabéns a vocês pela evolução ao longo desse debate.

O sinal tocou e fomos para o intervalo. Na quadra, todo mundo conversando com todo mundo. Sem panelinhas. Nem preconceitos. E o assunto, claro, era o futuro da IA e, por consequência, da humanidade.

E, você, leitor, o que acha: a inteligência artificial vai superar a inteligência humana? Quais são seus argumentos para defender esse ponto de vista?

Mapa conceitual

O mapa conceitual é uma representação gráfica utilizada para organizar e representar os conceitos principais de uma determinada unidade de estudo e as relações entre eles.

Neste mapa conceitual, estão representados os principais conceitos trabalhados neste livro e as relações entre eles para o entendimento do conceito-chave desta obra: a inteligência artificial.

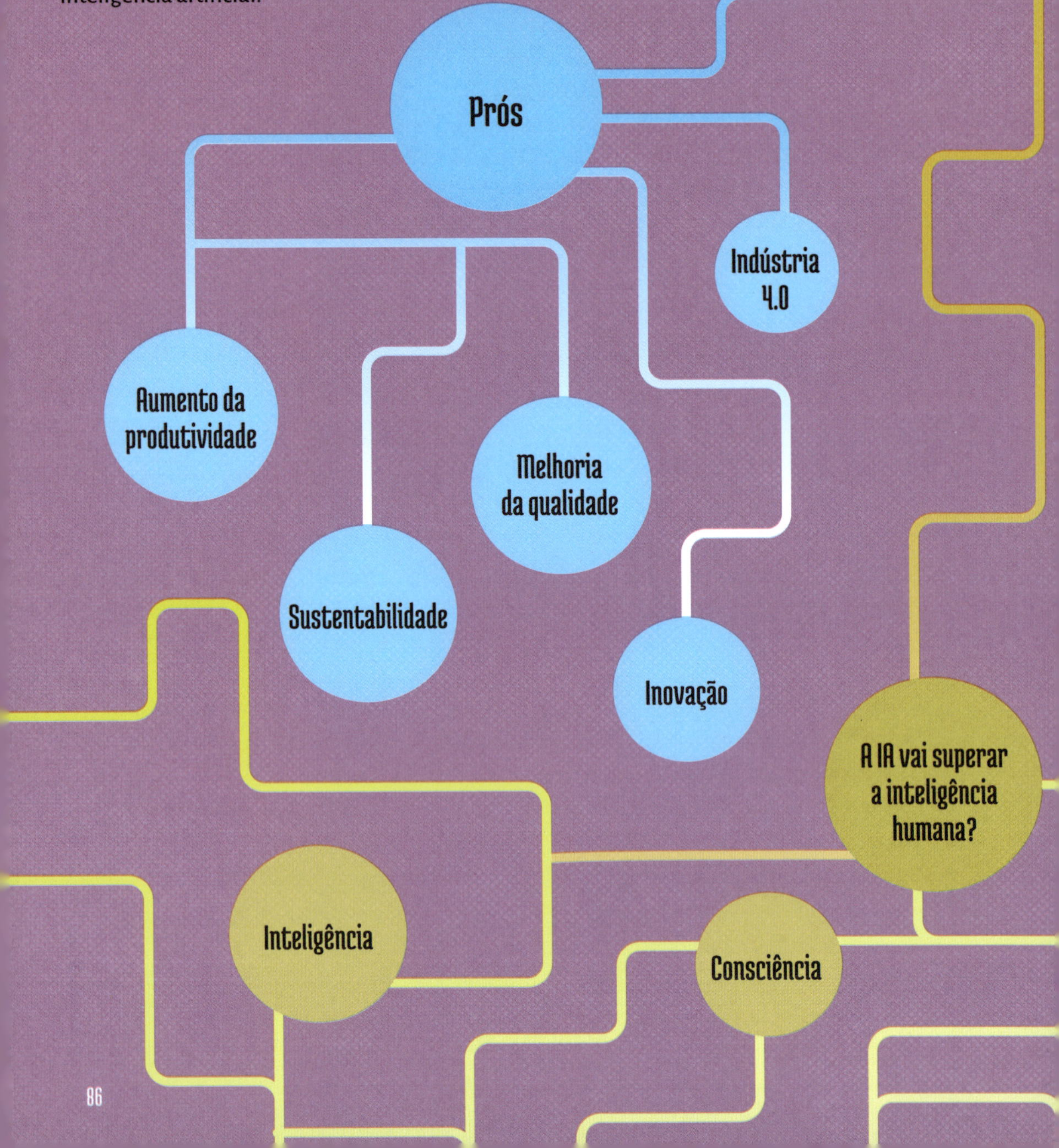

ARTIFICIAL
Contras
Desemprego tecnológico
Desigualdade
Viés algorítmico
Problemas de privacidade e direito autoral
Não sustentabilidade
Intencionalidade